AF382043

Infusion d'étincelles

Arnaud Christine

Tome 1

Mes mots seront-ils aussi beaux

Que le silence que je brise ?

Je suis enceinte

À l'intérieur de mon ventre
une grande pelote de fil de lettres

À l'origine du fil de l'être
Le souffle du vers
à soi

Enroulé en double hélice
le fil de lettres est fait de verbe indifférencié
celui du commencement

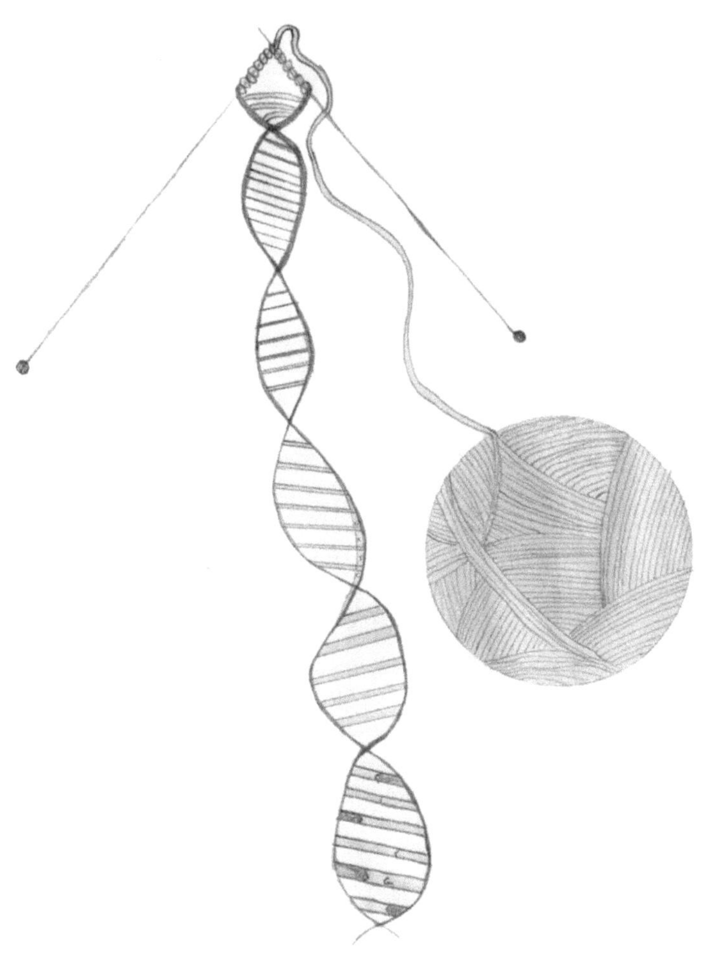

À l'intérieur de mon ventre
La matrice à tisser

Animée par mes entrailles
elle déroule la pelote
articule délicatement le fil de lettres

Sa danse façonne et glisse le fil
en boucles et déliés minutieux
afin de donner forme aux lettres

Une maille en A, une maille en C, une maille en G,
une maille en T
Abragataca !

Au crochet magique biolinguistique
La division du fil engendre la multiplication des lettres

La mitose, bien aiguisée
tranche le fil de chaine Alpha-Beta Carbonée
à l'empattement de chaque lettre
pour leur signifier un début et une fin

Depuis l'embouchure de sa fêle
Le souffleur de verbe adoube
l'essence de chaque lettre

Ainsi différenciées du fil indifférencié
Elles forment les plus petites pièces du puzzle mitocondrial
ordonné selon les règles de calligraphie chromosomique

Standing Ovulation !
Dévalant fièrement la trompe
la Lettrine enluminée ouvre le bal
Zygote du jambage à la panse

Entrainées dans son sillage
portées par le souffle les ayant adoubées
les lettres suivantes se ligaturent au cran de montage
pour former des graphèmes

Lorsque les caractères s'associent
complices d'une intention commune
la petite aiguille se réjouit de coudre ces cellules ensemble
déclarant par ce geste l'avènement d'un mot

Le mot est un bouton embryonnaire
cousu sur la paroi interne de la mère-Cerie

D'autres caractères, fraîchement extraits de la bobine
constitueront d'autres mots, encore et en corps

Le slogan du tube neural
gravé dans le disque embryonnaire
résonne dans l'enceinte : Croître et multiplier !

Aussitôt dit aucytoplasme !

De fil en aiguilles, les cellules prolifèrent
Les mots germent dans les terres fertiles du champ lexical
Le vocabulaire à disposition de l'architexte décuple à foison

Les mots se flairent, se palpent puis s'enfilent en guirlande
Certains sont timides, hésitent et prennent leur temps
D'autres se reconnaissent immédiatement complémentaires
par exemple, les mots tôt et les mots tard

Ce faufilage motléculaire permet de bâtir une phrase
se terminant par un point d'arrêt.

Saut à la ligne

La perfection est hélas impossible
Œuvrer à cet ouvrage sans marge de manoeuvre
me conduit parfois au plantage, égarée en double-fil.
Ces erreurs de syntaxe et boulettes de grammaires
seront avalées par le macrophage
apte à en découdre-vite

À tout éffilochage de conception
le patron, endo-mètre-ruban, nous rappelle :
surfilez-droit au plan de coupe !

Le corps jaune
en bottes de pluie et ciré breton
Timonier de l'arche du texte
à la barre du projet stérone
conduit la navigation en océamniotique

Les hormones me chavirent
vertiges, nausées
ça tangue, pulse et bouillonne en dedans
Mon système immunitaire fait des efforts
pour ne pas jeter le bébé avec l'eau du bain

J'ai mal et m'assieds
pose la main sur mon ventre
masse, palpe et fais rouler la pelote de l'aine

Le velours de ma dentelle utérine
vit ses râles, trame et conspiralise

Dans mon ventre siège l'imprimante 3D originelle
j'assume mon rôle de travailleuse du texte

Sans aucun doute
j'ai été fécondée par le démiurge de la versification

Du bout de l'index
Dieu jette le dé à coudre

Nouvelle canette
L'architexte de mon ventre orchestre les gammes de montage

La succession des phrases se télescope en paragraphes
Le fil conducteur du récit s'étoffe en volume
Trames, membranes, articulations, squelette, musculature

Le verbe se fait chair

L'architexture déployée permet l'émergence des organes
Souveraines de leurs fonctions, ces poches à outils,
entoilées de fascias, vouées à opérer dans l'unité coresprit,
ont besoin d'être reliées et connectées à la circulation des flux

Pour ce faire, l'être, façonné de toutes ses lettres
est traversé de kilomètres de tubes
dans lesquels souffle inlassablement le souffleur de verbe

Artères, veines, vaisseaux lymphatiques, alvéoles, trachée,
œsophage, cordon ombilical, intestins, sexe, uretère, urètre,
miction accomplie !

Le rôle consécratoire du souffle sera remis au cœur
À l'issue de cette transmission initiatique,
l'impulsion et le rythme jaillira depuis sa source en dedans

Le petit être, mû par un irrésistible désir d'entrer dans la danse,
pousse, pousse et pousse encore

À l'image d'une tortue qui sort de sa carapace
les bourgeons de la tête et des membres éclosent
perforant les hublots des ourlets, emmanchures et encolures

Les chapitres convergent enfin vers l'élaboration d'une histoire
tendant vers la complétude

Deux mains. Deux pieds. Un visage.
Mon petit être de lettres prend forme humaine
Une larme de fond s'échoue sur ma joue

La gestation de ces milliards d'étincelles cousues ensemble,
patiemment infusées dans mes entrailles, arrive à son terme

La composition dépose son point final
La mise en page est achevée sous toutes les coutures
Il ne reste plus qu'à jeter l'encre

Impression du parchemin, le relief de la peau s'exprime
Cils, sourcils et duvets sont délimités au passepoil
Les pores sont poinçonnés par millions

Le tampon ultime des empreintes digitales
est apposé sur le bout des doigts

Dans le chaudron amniotique, la créature tressaille, trépigne,
se débat dans un espace devenu trop petit

Le monde l'attend avec autant d'impatience
qu'elle est impatiente de s'offrir au monde

Secousses supplémentaires
Le sac se déchire
Je chiale de douleur
Perte des eaux à tous les étages
La houle déferle en lames jusqu'au raz de ma raie
L'excédent d'encre et de lettres ainsi que les pages de brouillon
se déversent par terre dans une bouillie odorante

Encore un effort !

Entre mes lèvres apparait un crâne duveteux
Le passage des épaules les fait sourire jusqu'aux ovaires
Accroupie, je passe mes mains sous mon bassin dilaté

Dans un cri déchirant
mon petit bonhomme expérimente le grand toboggan existentiel
glisse et tombe entre mes mains

Hourra !

Je le hisse face à moi
Mes joues ruissellent autant que lui
Mon bébé

Quelle immense joie de m'offrir au monde à travers toi
témoin de mes étincelles condensées
dans ta matière partageable

Ainsi soit-il !
D'un geste solennel
je coupe le cordon ombilical d'une longueur honorable
gratifiant mon ouvrage
d'un élégant marque-page

Toi qui es là
émerveillé, disponible
les paumes grandes ouvertes
J'y dépose mon grimoire vagissant

Prends ce livre
Issu de ma chair

Le fruit de mes entrailles

est désormais

entre tes mains

*

Ce matin j'ai ouvert deux cadeaux inestimables

Mes yeux

Grâce à eux, je suis pénétré
par la lumière du monde

Ce matin j'ai ouvert deux cadeaux inestimables
Mes mains

Grâce à elles, je restitue la lumière au monde

Célébrant les noces quotidiennes
entre la lumière et la matière
J'ai frotté mes yeux de mes mains

Un nouveau cadeau inestimable apparut
Le désir de me lever

J'ai posé au sol deux autres cadeaux inestimables
Mes pieds

Grâce à eux ma matière se meut
Ma lumière s'en émeut

J'ai frotté mes pieds de mes mains
Un autre cadeau inestimable surgit
Le désir d'aller de l'avant

J'ai frotté mes mains l'une contre l'autre
Un ultime cadeau inestimable se manifesta
Le désir de créer

Toi aussi
Frotte frotte frotte, fais jaillir les étincelles !
Tout ce que tu touches est une lampe magique !
Réveille le génie
présent en chaque chose et en chaque être
Tes mains ont ce pouvoir

Les vers rongent
le corps des défunts
l'esprit des poètes

L'enfant vert

Un enfant et sa mère jardinaient ensemble.
Hélas, la pioche heurta un ver
- Ohhh nooon !

L'enfant fut surpris de l'indignation de sa mère
- Maman, que serait le monde sans les vers ?

- Mon petit chou, sache que sans eux, le monde serait stérile.

L'enfant, perplexe, fronça son nez en inclinant la tête.
- Pourquoi le monde serait stérile sans les vers ?

- Sans eux, la terre serait compacte comme du béton.
Le souffle des vers aère le sol, creuse les galeries dans lesquelles
l'eau circule et transforme le carbone en humble humus humide
dont se nourrissent toutes les plantes.

L'enfant regarda le lombric avec amour
Il se pencha afin de le caresser mais le ver se déroba,
retournant sous terre
- Aaah !

Surpris, l'enfant trébucha, heurta une pierre et se mit à pleurer

- Quel artiste ! Tu as fait une jolie pirouette !

L'enfant, ému, sécha ses larmes en reniflant.

- Maman
- Oui ?

- Pourquoi les artistes trébuchent, bafouillent
pleurent et perdent la mémoire ?

Parce qu'ils naviguent, vulnérables,
dans la tempête de leurs émotions.

- Que serait un monde sans cette sensibilité ?

- Les cœurs seraient désaffectés et compacts comme du béton.
Nous ferions tous les jours la même chose comme des robots
sans se soucier d'où ça vient et où ça va.

Grâce aux poètes, leur souffle et leurs vers,
l'émerveillement circule d'un cœur à l'autre.

- Oohhhh

L'enfant songea un instant
Puis la joie éclaira son visage

- Maman, j'ai trouvé !

- Quoi donc ?

Quand ...
je serai grand
je serai ...
Souffleur de vers !

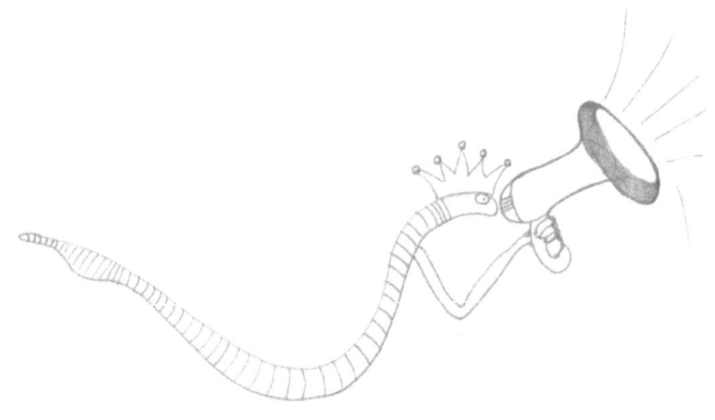

*

Les chauves sourient
sous le saule pleureur
Verte perruque

*

*

La baleine

à son vieil ami pissenlit

- Nous fanons

*

Les siroteurs d'étoiles

Après le repas
l'enfant et son père sortirent de la maison
la nuit tombée

Contemplant la voûte céleste
l'enfant pointa sa paille vers le ciel
d'un geste conquérant
- J'aimerais siroter les étoiles !

Le père regarda l'enfant
- Quelle bonne idée !

Il s'éclipsa un bref instant dans la cuisine
À son retour, il posa sur la table du jardin
une autre paille et un beau saladier rempli d'eau pure

- Et maintenant ?

- Chères étoiles !
Je vous implore d'infuser ce saladier d'eau pure !

L'enfant et son père s'installèrent à table

- Attends un peu et regarde

Petit à petit
les vaguelettes de surface s'estompèrent
laissant place à un miroir parfaitement lisse

Les étoiles avaient infusé
dans le saladier d'eau pure

Wahouuu !
D'une seule voix
Ils plongèrent délicatement leurs pailles
dans le saladier d'eau pure
en fermant les yeux
aspirant bruyamment comme des otaries
jusqu'au tarissement des eaux

L'enfant se lécha les babines

- Papa
Ça a le goût du sein de maman.

- Ah oui ?

Chanceux !

Tu as aspiré la Voie lactée !

En haut du ciel

Vénus

leur adressa tendrement

un clin d'oeil complice

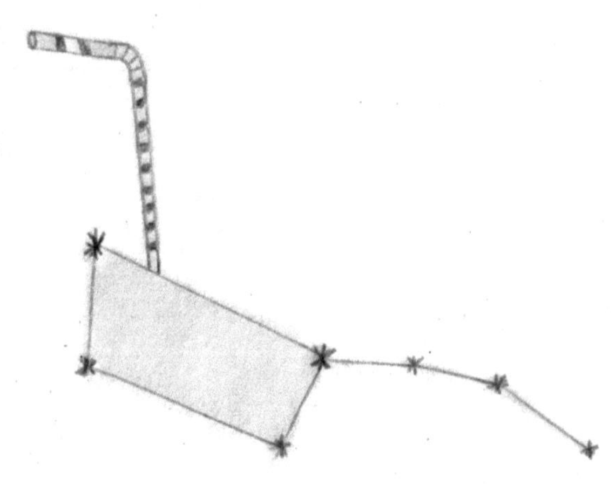

*

Lorsqu'un tuyau

rencontre une vanne

un robi-naît

*

*

Oh ! La carpe diem
Truite diem et saumon diem
Pêche du jour

*

*

Au sein des girafes

conspiration

C'est un cou monté

*

*

Attache tes lacets !
Si mes lacets sont des fées
Pourquoi les attacher ?

*

*

Un nuage rose s'approche

me susurre à l'oreille

- Il va pleuvoir des framboises

*

Les cadeaux du lendemain d'anniversaire

Ce matin, au lever poussiéreux d'un jardinet familial,
l'air était lourd et la lumière usée.

Une jeune fille décoiffée par des joies fraîchement envolées
faisait la moue, la main sur la joue et le coude sur la table.
Ses jambes pédalant nerveusement sous la chaise,
elle expira un râle d'ennui teinté d'agacement.

En présence de ce tableau
sa mère vint lui offrir un peu de contenance.
- Quelle belle fête d'anniversaire ma chérie !
Hier tu as soufflé une bougie de plus.

- Oh oui, quelle soirée magnifique !
Mes amis sont venus me célébrer, le gâteau était délicieux.
J'ai bien ri et bien dansé !

- Oui, c'était un très beau moment.

- Mais regarde ! Les gens sont partis, les ballons sont crevés,
tout est en désordre et il y a une montagne de vaisselle...

- Je comprends ton désarroi.

Le merveilleux vient de tirer sa révérence pour laisser place à

l'ordinaire.

- Quel ennui !

- Je peux t'offrir un cadeau pour t'aider à surmonter cette

épreuve.

D'un geste vif, sa fille la regarda avec des étincelles dans les

yeux.

- Oh, oui ! Dis-moi comment faire !

- Ce cadeau s'appelle la gratitude.

Ferme les yeux et revisite les délicieux moments.

Remercie chaleureusement tout ce qui t'a mis en joie.

Cela devrait t'aider.

L'enfant aux yeux clos arbora un sourire

plusieurs se succédèrent sur son visage.

En rouvrant les yeux, celui-ci s'effaça face au désordre.

- Oh nooon, soupira-t-elle en se dégonflant.

Sa mère la prit par la main pour l'inviter à se lever.

- J'ai une idée, allons écouter la musique sur laquelle tu as tant aimé danser.

La pulsation de l'air transportait l'enfant à balayer dans la maison.

Une fois le sol propre, la musique s'arrêta et la flamme de l'entrain s'éteignit. L'enfant s'assit, découragée.

Sa mère déplaça une chaise pour s'asseoir face à elle.

- Bravo ! C'est déjà ça de fait !

L'enfant, au regard en biais, ne semblait pas si convaincue.

- J'ai un deuxième cadeau pour t'aider à aller jusqu'au bout.

- Oh oui ! Je veux savoir !

- Ce cadeau s'apelle l'émerveillement.

La mère prit l'enfant par la main et lui présenta l'évier de la cuisine.

La petite la regarda avec un air désolé :

- Une pile d'assiettes sales... rien de charmant par ici.

La mère précisa son geste en activant le robinet.

- Te rends-tu compte à quel point cet objet est miraculeux ?

Lorsque je tourne le robinet, de l'eau propre et chaude coule

entre nos mains. Quelle chance !

- Ah oui c'est vrai.

L'enfant saisit un bol.

- Regarde ce bol, il a été façonné dans les bonnes proportions

pour contenir la nourriture et il est décoré à ton nom.

Fais tourner l'eau chaude dedans et observe les salissures

s'éjecter vers l'extérieur, c'est amusant !

Offre-lui ce cadeau de la purification, qu'il ne peut pas

s'accorder seul.

Le regard de l'enfant avait changé.

Elle regarda le bol comme si c'était un bébé.

Elle sut le laver avec amour et fit de même pour les assiettes et

les couverts.

Puis vint le tour des plats avec leur crasse brulée et incrustée.

L'enfant jeta l'éponge.

- Maman, je n'y arrive plus.

Elle s'assit et murmura en sanglotant :

- Même avec tes deux cadeaux, je n'ai pas réussi à aller au bout

des choses.

Je suis trop nulle !

Sa mère lui passa la main entre le visage et les cheveux.

- J'ai une bonne nouvelle ! Il y a un troisième cadeau !

L'enfant sécha ses larmes.

- Ahh ouui ?

- Ce cadeau, c'est le pardon.

Tu peux te l'offrir.

Pardonne-toi de ne pas avoir le courage d'aller jusqu'au bout.

- Alors, je ne suis pas mauvaise ?

- Que nenni ! Tu es tout aussi belle et méritante qu'hier !

L'enfant ferma les yeux pour infuser en elle les offrandes

maternelles.

D'un regard éclairé et innocent, elle contempla ses mains

ouvertes comme pour relire ses cadeaux.

- Je remercie les instants qui m'ont mise en joie

pour les maintenir vivants en moi.

- J'élève mon regard à reconnaitre le merveilleux

jusque dans la trivialité ordinaire.

- Grâce au pardon, je reste belle et méritante

même lorsque j'échoue.

L'enfant se leva avec grâce, entrain et dignité.

Ses mains, ses bras, ses jambes dansaient littéralement le

rangement de la maison.

L'enfant n'avait plus besoin d'écouter sa musique préférée :

Elle la chantait !

*

*

Flamme et bougie
Je vous implore
d'être de mêche

*

*

Confortablement installé

dans le creux de ton oreille

Je me délecte des secrets

qui t'ont été confiés

*

Un lapin sous pression

Un lapin blanc, visiblement agité me coupa la route
puis revint vers moi en arborant sa montre gousset
- Nous sommes en retard ! dépêchons-nous !

Mon attitude circonspecte le fit enchérir de plus belle

- Enfin que faites-vous là planté, dépêchez-vous !
Nous sommes en retard !

- En retard de quoi ?

- Nous sommes en dette de " Faire "
C'est le grand Ordinateur qui le dit.
Activez-vous, ou le couperet tombera !
Sachons redoubler d'effort
courons sans pause et abattons la besogne
avant qu'elle ne nous avale.

- Cher lapin, vous vous imaginez des urgences
en joignant votre souffle à des tâches imaginaires
dépourvues de sens.

- Ne vous moquez pas.
Montez plutôt dans cette roue et pédalez avec moi.
La ville a besoin de notre huile de coude
pour faire tourner le commerce.

- Cher lapin, le commerce ne tourne pas rond.
Aller au charbon sous pression
ne vous transformera pas en diamant.

Le regard de l'animal m'adressa des éclairs culpabilisants et
désapprobateurs auxquels je n'étais point sensible.

- Sachez que l'avenir appartient à qui se lève tôt !

- Cher lapin, vous vous fourvoyez
l'avenir appartient à qui est heureux de se lever.

- Heureux ou pas, sachez que vous n'aurez aucune carotte
si vous ne craignez pas le bâton.

- Cher lapin, êtes-vous bien sûr qu'en stressant votre viande
vous servez le développement du râble ?

Le lapin, visiblement outré,
s'enfuit courir ses heures sup' dans la roue.

- Mon pauvre lapin, je ferai usage du bâton, mais autrement.

D'un geste clair, affirmé et martial
je plantais le bâton dans la roue, brisant les engrenages qui
stoppèrent net.

Le lapin en fut éjecté et projeté à mes pieds.
La vue de la machine détraquée le stupéfia.
Sonné et consterné, ce dernier s'ébroua,
s'empourpra de colère et éructa à mon encontre :
- Hérétique !

- Quel compliment, je vous en remercie :
Hairetikos, aux racines de notre langage signifie
"qui est apte à choisir, indépendant de la doctrine".

L'animal, respirant en saccades, tremblait de confusion.
Ses convulsions firent chuter son chapeau,
son uniforme de travailleur, ainsi que sa montre gousset.

Il s'effondra et se mit à pleurer.

Le lapin pleura de quoi dessaler la mer Morte
ainsi que toutes les morues qui s'y prélassaient.

Une fois vide et plat comme une limande
je l'enveloppa de mes mains chaleureuses

D'une portance rassurante
je dressais mes bras vers le ciel et déclara :

- Cher lapin tu n'as aucune dette envers l'existence
La terre te porte et t'aime en te gardant proche d'elle
Tu as été choisi par la vie.

- Aime-toi autant que tes cellules vibrent et prient
à l'unisson vers le même but :
La foi inébranlable de ta joie, exsudante chaque pore de ta peau.

- Petit lapin
Le temps t'accule à en avoir la chair de poulpe
Quitte donc ce laboratoire aux piqûres de sang d'encre
avant qu'il ne te seiche.

- S'il te plaît
Laisse-toi émouvoir de ta propre beauté

Le lapin s'endormit.

Mes mains s'ouvrirent et mon souffle caressa son pelage.
Un souffle pénétrant chacune de ses tubulures aplaties
lui redonnant coffre, espace et circulance.

Ses oreilles se dressèrent à l'écoute d'un seul rythme
celui de sa propre pulsation.

Il s'étira, comme en sortant d'un rêve profond
ouvrit ses yeux pleins de gratitude.

Puis, d'un geste inattendu, il bondit hors de ma blouse
se leva et me toisa en croquant une carotte.

- What's up, doc ?

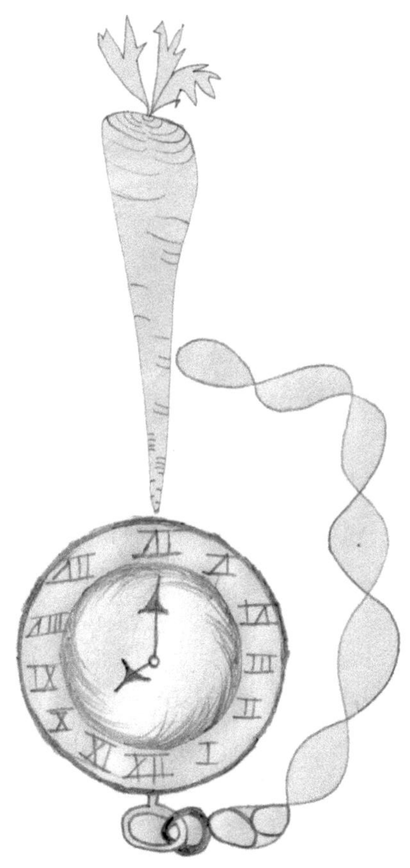

*

*

J'inspire ... Shakespeare !
Le Derviche-tourneur-fraiseur demande :
Toupie or not toupie ?

Seule la vitamine sait

*

*

Lorsqu'un paon

fait la roue à aubes

est-ce un moulin à parure ?

Seul l'aloès verra

*

*

Les hyperboles
sont ce dans quoi je sers
Les hypersoupes

*

Hippopoténuse

Abscisses désordonnées

Les nombres premiers seront les derniers

Mon chemin est la plante de mes pieds

Chacun de mes pas déroule la pelote au fil de mon chemin

Mes divins orteils tricotent la signature de mon parchemin
cette peau qui épouse à la fois
ma chair cheminante et la terre piétinée

Parchemin Parchemain Parchepied

Chacun de mes pas est une note de musique,
déposée sur la partition de mes ballades.
Au rythme de ma marche se succèdent, noires trottantes,
rondes hésitantes, trilles trépidantes, doubles-croches-en-jambes,
espacées de pauses salutaires pour éviter la syncope.

Les intervalles de mes enjambées accordent ma Fugue.

Contrepoint contrepoing contre-pied

De mes foulées couplées re-freintes
suis-je le compositeur ou l'interprète ?
Symphonie des trajectoires

Mon chemin est la plante de mes pieds
Marcher constitue mon terreau

Pieds nus dans la rosée ses racines arrosées
rassurent mes errances en vert-tiges.

À ton tour !
Bondis bon-dit, heureux-bondis en corps !
Saute dans les flaques d'un mouvement très argile !
Prends ton pied là où tu le poses !

Acceptes-tu encore de trébucher sur le caillou
coincé dans ta chaussure ?
Dépose tes armures et danse !
Brûle tes godasses dans lesquelles tes arpions s'étiolaient

Ton pied s'instruit humblement du relief
La boue et les cailloux sont ses repas.

Donne à ta plante la joie de s'enrouler avec d'autres,
vignes ou liserons, amies de chemin avec qui semer
le bon grain de l'ivraiesse.

Le pèlerin plante sa pelle et plie ses reins,
le temps d'un arrêt pour cultiver le jardin de son pote âgé
avant de s'envoler sur les chemins de compost-ailes.

Découvre quelle plante est celle de ton pied :
A-t-on Cru-s'y-faire de ces Gras-minets ?
Foule ce Sol-à-nasser, du bout de ton hallux.
Pied-de-chat ou chénopode ? Pourpied ?

Le substrat de chaque instant est tel une slack-line
l'imprévisible foulure peut déraciner.
Si tu boites, aide-toi d'une canne,
blanche, berge, bière, à bis ou à sucre, cela t'appartient
Tant que tu marches tu tiens le bambou.

Qu'importent les critiques assénées par les plantes d'intérieur !
Qu'elles enfilent tes chaussures ! Chaque pot à sa pointure.
Aux piques des cactus tourne les talons.

Chacun de tes pas est ton choix le plus souverain,
Seuls ceux qui errent trouvent de nouveaux chemins

Sur ces chemins il n'y a pas de mauvaise herbe,
mais des plantes de pieds qui retrouvent leurs vertus

Remercie infiniment ton pied

Saisis-le avec tendresse

Cajole ce magnifique organe qui te porte à chaque instant

dans la plus humble fidélité.

Masse-le, oins-le, fais-lui offrande

d'eau, de sable, d'humus, de mousse, d'huiles-engrais

Ton pied est ton socle, tes racines, ton arc, ta flèche

et ton meilleur ami

En même temps.

*

Le parquet craque
sous les pieds nus
des danseurs fauves

*

Du pied au chevet

Dans mon nid douillet

Délices superposés

De quel bois se chauffe

La sève de ton désir ?

Le charme

*

Verbe Âtre :
- Je suie !

Proverbe du hérisson :
- C'est en ramonant
que l'on peut cheminer

*

Athanor
Caresse mon feu
Dans le sens du poêle

*

*

Ne sois pas pressé
l'arbre a mis une éternité
à enlacer ce rocher

*

La sagesse salace des roches

Des roches, invitées dans le lit de la rivière, s'accouplaient
Au fil de l'eau, l'érosion érotique
leur sculptait creux et cuisses en caresses millénaires.

Arbres mousses fougères
uniques témoins immobiles de leurs ébats
Ininterrompus

Ecoute
Le tumulte du torrent manifeste l'orgasme du granit
à l'unisson leurs chants sont
Ininterrompus

Parfois, j'envie ces roches
dont l'existence consiste à jouir de la caresse des flots !

Les roches, sans agir, ni attente, sont tant aimées.
De la rivière à la mer, tout s'accroche à elles :
mousses, lichens, algues, coquillages
Car elles offrent une stabilité impeccable en humilité totale
Soyons des roches

*

La peau de l'eau
à son contact je retrouve un être aimé
comment la masser ?

*

*

Dans l'eau froide
c'est toi qui bouillonnes

*

Dans le cratère d'un volcan endormi
J'ai rêvé du magma circulant dans mes veines

À mon réveil j'ai palpé la terre moelleuse
dissimulant une croûte coagulée

J'ai prié

Pour que la terre ne saigne pas

- " Ton infusion est trop chaude pour mes lèvres
Tes étincelles sont trop lumineuses pour mes yeux "

Ne saigne plus

Pleurer dans la rivière
lui donne un avant-goût
de la mer

Mon cœur

décousu de fil blanc
recousu de fil rouge

palpite les courants d'air
de s'être tant ouvert

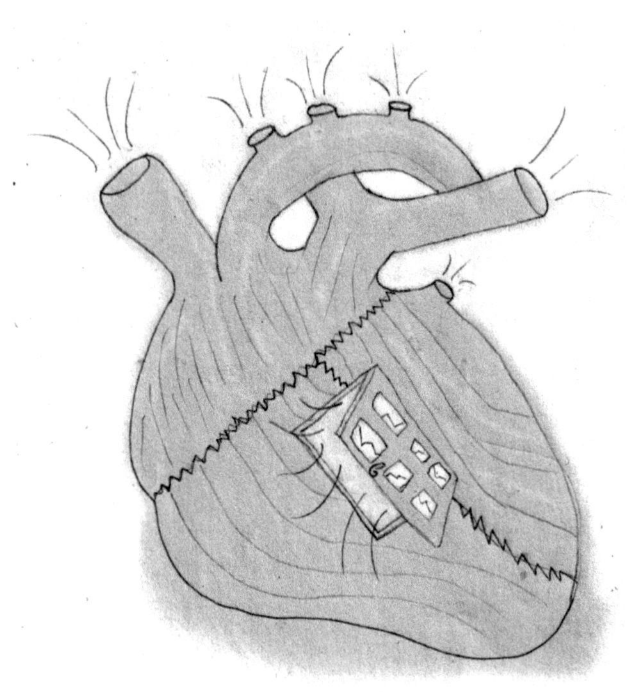

*

*

Ressources épuisées
Dis-moi, Comment
Joindre les debout ?

*

*

*

Face aux infirmes, aux estropiés
je m'incline et leur embrasse les pieds

En nous obligeant à ralentir
les vénérables vulnérables
sauveront le monde

*

Papillon

Papillon n'a pas besoin
d'occuper ses journées
Bousculé par le vent
Bousculé par la pluie
Bousculé par la lune
Bousculé par les fleurs
c'est déjà bien assez
c'est déjà bien assez

Papillon, papillon n'est pas pion !
Papillon n'ira pas au tripalium
Papillon, papillon n'est pas pion !
Papillon n'ira pas au tripalium

La mission de papillon
un pinceau de lumière
La mission de papillon
transporter les couleurs
à dos d'aile et parfois
de se tromper de fleur
de se tremper de fleurs en fleurs

c'est déjà bien assez
c'est déjà bien assez

Papillon, papillon n'est pas pion !
Papillon n'ira pas au tripalium
Papillon, papillon n'est pas pion !
Papillon n'ira pas au tripalium

Papillon est gracieux
Papillon est inconstant
Papillon est léger
Aussi papillon est profond
Habité par des millions de galaxies
c'est déjà bien assez
c'est déjà bien assez

Papillon, papillon n'est pas pion !
Papillon n'ira pas au tripalium
Papillon, papillon n'est pas pion !
Papillon n'ira pas au tripalium.

Papillon ne sait pas faire
Papillon ne sait pas avoir

N'allez pas lui reprocher

d'être un maître de l'être

Être un maître des lettres

c'est déjà bien assez

c'est déjà bien assez

Papillon, papillon est fragile

ne le jetez pas au tripalium

Papillon, papillon est fragile

ne le jetez pas au tripalium

Si les robots-parpaings

Brisent papillon

Il y aura du fer et des avoirs

Mais il n'y aura plus d'être

Il n'y aura plus de lumière

il n'y aura plus de couleurs

Et les fleurs galactiques

faneront de désespoir

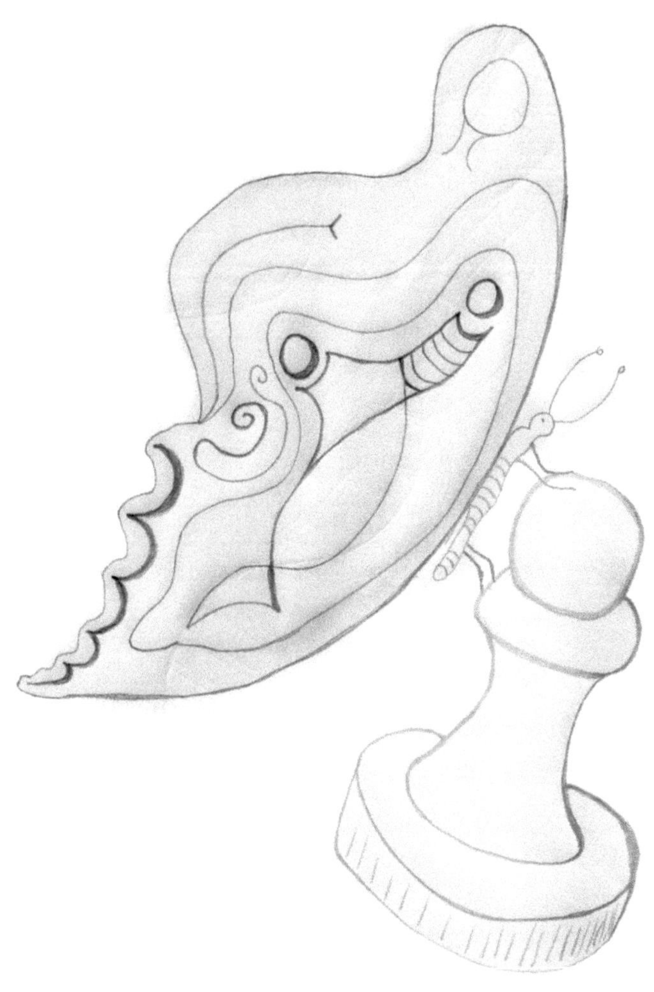

*

Quelque part
un lapin prie
pour le salut d'un chasseur

Le chemin de compostage

Pieds nus dans les feuilles
Mes pas humectés
lents et moelleux
Je me prosterne

Humant l'humble humus humide

Délicatesse moite
Utérus végétal
écrin de mousses
Bordé de champignons

J'hume l'humble humus humide

La rosée
Nectar des anges
La terre et les feuilles
Indifférenciées

J'hume l'humble humus humide

Mon esprit s'aère
de galeries fertiles
d'humeur germinatoire
décomposite

J'hume l'humble humus humide

Au détour d'une souche
je complimente l'amie-célium
Chapeau, quelle belle tenue de spores !

Pourtant honoré de toute cette vie...
Que suis-je ?

Même déchaussé
Mes pas lourds
Terreau-risent les insectes.

Qui suis-je ?
Mes pensées vagabondent
étourdissent mes sens
jusqu'alors en éveil

J'en oublie d'humer l'humble humus humide

L'humour d'une épine qui me pique
me rappelle à ma condition d'être humain

Pas assez humble
ni assez humant
ni assez humide
ni assez humus
Pour me lover aux racines
Indifférencié

Je quitte ce lieu saint

Revenir dans quelques années
Offrir ma chair
à l'humble humus humide

*

*

L'été, tard

Les grenouilles coassent

à la fin d'étang

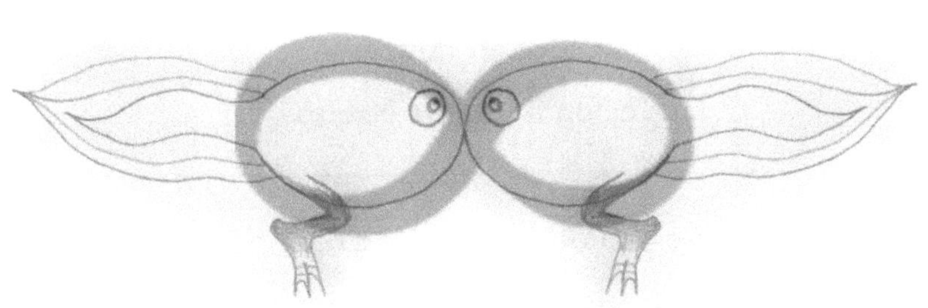

*

Vapos

Deux collines se chevauchent
à leurs flancs se ravine un canyon verdoyant
dans lequel se déverse une épaisse gerbe de brume.

Ce serpent floconneux
mû par un instinct sans calcul
avance en rampant
dans ce qu'il décrète être son lit

Le goulot de la vallée s'ouvre
Le serpent devient édredon
dont le duvet gagne la plaine
en glissant autour et dedans

les bords de l'horizon deviennent flous
se rapprochent en étau moelleux

L'anneau de vapeur
circlut le relief et l'enserre
Inexorable

Debout, immobile, fatalement, la vague me plonge
Cet immense magma hérétique de moutons éthériques m'avale

les couleurs s'estompent
le vif se replie en moiteur

le ciel bleu rétrograde
à une opacité croissante

Repères et certitudes se dérobent
L'invisible renverse le visible

Les cartes du territoire se brouillent
"Je" n'a plus la main sur le jeu.

Reste l'animal, inquiet
Le temps est compté
trouve-toi un espace qui sera tien au moment d'abdiquer

les allumettes sont mouillées
s'il te plaît abandonne
toute résistance est inutile.

La volonté et le contrôle déclarent forfait, se retirent.

Vapos

Déité chevauchant la brume

Nous fait offrande de sa noble consistance

Aux mille vertus

dissoudre l'agitation

défaire les urgences

bénédiction de l'eau dans le vain

Que sa volonté s'accomplisse

Sa robe et sa chair

diluent les lignes et le temps

arrondissent l'espace

en polit les angles

L'air se densifie, devient palpable

La lumière s'échoue dans la viscosité

Plus aucune étincelle ne peut jaillir de l'infusion souveraine.

Le réel se restreint à la portée d'une bougie

que personne ne pourra allumer

Au-dela de cette proximité, les méandres de l'inexistant.

Assis sur un rocher recouvert de mousse

Je capitule

Immobile, aveugle.

J'accepte sans résistance ce qui est

défait le moindre nœud, barrage

me laissant traverser tout entier par cette qualité

jusqu'aux moindres parcelles de mon être

Cette bulle de silence

écrin d'intimité

Mes sens se reposent à présent dans un minimalisme délectable

Feuilles et pelages respirent à l'unisson.

Chaque membrane, enveloppe, peau, écorce

ruisselle et transpire

d'une moiteur fertile

reliant tout ensemble

Condensation fusion

Unité

La paix

À mon réveil

l'esprit paisible

le corps reposé

Des moutons éthériques nous n'héritons que des lambeaux

Lamb

Le bain de vapeur est purificateur

À l'horizon

Deux collines se chevauchent

au point de jonction

une nouvelle étincelle

La bougie du renouveau est allumée.

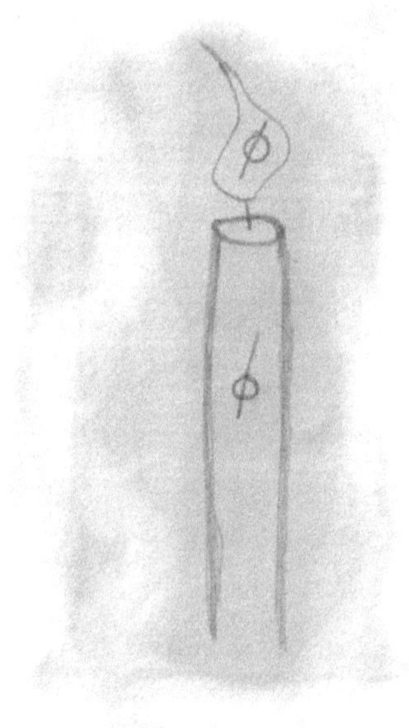

*

Qui fera vibrer

les cordes tombées

de l'alto stratus ?

*

L'écume
expression finale
de l'effet-mer

Complétude de l'ombre

À la lisière d'une bambouseraie
un ruisseau bénissait du bout des branches
le saule pleureur

Une femme vêtue d'une très longue chevelure argentée
étendue sur le dos
s'assoupit dans l'herbe tendre

Ravi par une petite brise
son esprit ensommeillé et vagabond
s'évada en rêverie

Assis à côté d'elle, son fils sanglotait
le visage affligé dans le creux de ses mains

Le jeune homme resta ainsi prostré
le temps que le vent se calme et le tintement des bambous cesse

Sa décision étant prise
il se leva courageusement en prélever un segment
de la taille d'une fine flûte

Solennellement il se prosterna à coté d'elle
contempla avec tendresse
les orbes du ventre maternel

D'un geste méticuleux
il ajusta le bambou verticalement dans son nombril
le fit délicatement rouler entre les doigts en poussant un peu
s'assurant que celui-ci était parfaitement serti
à l'opercule ombilical

C'est alors qu'il approcha son visage de l'autre bout
pour l'insérer dans sa bouche

Inspiration profonde, par le nez
Poumons pleins, il expira, souffla tant et si bien
que le ventre de sa mère se mit à gonfler

La mère, dérangée, tréssaillit, se délesta d'un rictus de gêne
mais ses yeux restèrent clos

Elle cessa de s'agiter le temps que le jeune homme suspende
son souffle, puis il reprit de plus belle jusqu'à ce que le ventre
soit tendu, replet, comme une petite montgolfière

Satisfait

il décrocha le bambou

posa un doigt sur le nombril

le palpa

prit une grande inspiration

rassembla ses cinq doigts en fuseau

et plongea sa main dans le ventre de sa mère

Le jeune homme la fixa d'un air de défi

"Tiens-toi prête, j'arrive ! "

Son bras glissa jusqu'au coude et même un peu plus...

Arrivé à l'épaule, sa mère frémit de nouveau

ouvrit ses yeux d'un regard térrifié

implorant :

- Que fais-tu ?!

Avant qu'elle n'ait eu le temps de réagir

il plongea tout entier dans son ventre

La mère, horrifiée, hurla par la pensée :

- Que fais-tu ?! Pourquoi ?! Tu n'as pas le droit de faire ça !!!

Le jeune homme déclara :
- Maman, je veux que tu ailles jusqu'au bout de ta tâche
Tu ne m'as pas fini !

La mère, ébranlée par cette affirmation lui répondit
- Ce n'est pas vrai !
Mon poussin, tu es parfait. La bonté même.
Délicat, sensible et empathique
tu es reconnu pour ta gentillesse et ta douceur infinie.
Je n'aurais pu espérer un enfant si bienveillant.
Un sage contemplatif qui ne fait de mal à personne

- Je sais
C'est l'objet même de mon retour dans tes entrailles.

Le jeune homme se roula en boule et laissa exprimer ses aveux
- Écoute maintenant la mesure de mes propos :
Maman, tu m'as fait si sensible.

Si sensible que je n'ai jamais pleinement osé
avancer sur mon chemin d'un pas assumé,
conscient d'y abimer des plantes
innocentes
toutes porteuses d'une géométrie parfaite.

Soucieux à l'idée d'écraser de candides insectes
humblement affairés à leurs tâches

Préoccupé que l'impact de ma marche déloge des pierres
interrompant ainsi leur méditation intemporelle

Fouler le sol, prendre place, aller en conquête, me défendre ...
Tant d'actes dont le revers
implique le risque de faire ombrage, de nuire.
Car tout ce qui est pris est retiré à l'autre

Manger ou être mangé
Comment puis-je accepter cette existence de trivialité
où tout porte à la blessure ?

Il me manque donc quelques talents inhérents à l'incarnation.

Par conséquent, j'ai besoin que tu finisses ton travail

La mère était bouleversée
Cet éprouvant tourbillon de révélations lui fit revivre au présent
un souvenir marquant.

La scène eut lieu jadis, lors d'un hiver très rigoureux :

Me voilà assise devant la cheminée,

dans le chalet hérité de mon grand-père.

La sage-femme vient de partir

Grâce à son soutien sans faille et ses conseils avisés

l'enfantement de mon fils fut une expérience merveilleuse.

Je me sens baignée d'une fatigue reconnaissante

de grâce et d'amour.

Ceci étant, la douleur s'est aussi invitée

Elle fait partie de l'expérience de la vie

Pour faire une omelette, il faut casser des oeufs.

J'observe autour de moi :

Dans la cheminée, brûle du bois

Des arbres dont la vie a été réduite en cendres pour me chauffer

Le chalet est fait de bois

D'autres arbres ont été débités pour m'abriter

Mes pieds, emmitouflés dans du cuir

sont reconnaissants de ces animaux

ayant fait offrande de leur peau pour protéger la mienne

Mon corps, enveloppé dans du coton et de la laine

confesse que d'autres êtres vivants ont été utilisés pour me vêtir

Dans mon étagère à remèdes
des plantes coupées, séchées, broyées, distillées pour me soigner

Dans mon bol, une soupe faite de légumes et de fromage.
Je suis pleine de gratitude pour ces fruits de la terre
offrandes dédiées à la restauration de mes forces.

Derrière moi, mon bébé pleure
Je me retourne pour le prendre dans mes bras
Il est froid
Inquiète, je comprends en un instant
Mon propre corps, interposé entre le feu et mon fils,
avait fait écran, le privant de chaleur.
Je le dépose alors sous mes seins pour l'allaiter.

Traversée d'une étrange intuition, je soulève alors mon fils à
bout de bras pour le rapprocher du feu.

Stupéfaite, je constate que la lumière traverse mon enfant et que
cet être singulier ne projette aucune ombre.

Ne sachant que faire à l'époque, j'ai décidé de lui offrir une
protection sans faille et d'oublier cette information.

La voix du jeune homme retentit à nouveau :
- Maman, je veux que tu ailles jusqu'au bout de ma conception.
Je t'implore de terminer ce que tu as commencé !

Le rappel de sentence la transporta quelques jours avant la
naissance.
Cette-fois-ci, la mère sut quoi faire.
Elle descendit à la cave pour avaler un grand bol d'ombre puis
revint s'étendre près de la cheminée, laissant œuvrer le fil et
l'aiguille de ses entrailles.
Avec patience et dévotion, sa matrice à enfanter cousit au
contour du corps de son fils une belle cape d'ombre.

Une fois l'ouvrage terminé, elle s'assoupit afin de mieux se
réveiller de son rêve.

La petite brise venue du ciel
déposa une colombe et un corbeau
sur la branche basse du saule
celle bénie par le ruisseau.

Au coeur de ce calme
l'air palpita en hoquet
Un cri sourd

Étendue dans la bambouseraie

la mère se réveilla brusquement

vomit de la bile noire, suffocante

Sa peau ruisselante de sueur

son ventre déformé de spasmes

elle endurait l'impossible

traversée par une expérience si grande

qu'elle ne put qu'abdiquer.

Foudroyée

expiant son ultime cri

le voile de son ventre

le voile de son temple

se déchira de haut en bas.

Une boule gluante, noire comme les ténèbres

s'extirpa de la chrysalide inerte.

La cape noire épousant la forme du corps se déploya,

laissant apparaitre à la lumière un être, son fils !

Il déplia ses membres, se leva, s'étira, puis admira d'un regard

victorieux son ombre minutieusement taillée sur-mesure.

Merci maman de m'avoir achevé !

L'odeur de la chair ruisselante fit gronder son estomac.
Le jeune homme se mit à genoux, l'approcha en flairant,
ses mains et ses mâchoires ivres d'animalité
se refermèrent sur la carcasse fumante de sa mère,
l'avalant par morceaux d'une ferveur féroce.

Une fois le corps repu
la conscience refit surface en eaux troubles, ébranlée.
Qu'ai-je donc fait ?

Un souffle venu du ciel distillant des fragrances de rose et de
lavande vint l'apaiser
chuchotant d'une voix maternelle son ultime message
Ainsi, les deux âmes entrèrent en communion

Ne t'en fais pas. L'instinct répond fatalement aux exigences
matérielles du corps, oeuvrant au-delà du bien et du mal.
La vie remercie la mort pour le terreau qu'elle lui apporte.

- Puisses-tu laisser entrer en toi la lumière avec innocence,
gratitude et croquer à pleines dents les étincelles de vie,
en savourer l'énergie d'amour qu'elle t'apporte.
- Puisses-tu accepter ton ombre dans laquelle s'infuse la
putréfaction et la mort avec compassion et responsabilité.

Mais cette responsabilité ne doit pas t'empêcher de vivre.
La chair ferme, pour prendre sa place et perdurer, n'a pas
d'autre choix que d'incarner ce maillon

Va célébrer !
Les noces de la lumière et de ta matière
enfantent quotidiennement ton ombre.

Va !
Le monde attend avec impatience d'être abreuvé de ta couleur
et le sol se languit d'être embrassé par tes pieds.

Amen !

*

Qu'on le veuille ou non
L'ombre du zèbre
N'a pas de rayure

*

*

Après l'âge dort
L'âge de faire
Way cup !

>-(o)->

Après l'âge de faire
L'âge dort
Good kNight

*

Mon index

Vertical

Posé sur mes lèvres

Horizontales

Forment une croix

Crucifiant tendrement mes bavardages intérieurs

Shhhhhhut

Par ce geste simple

Je purge mon esprit

Des ruminations délétères

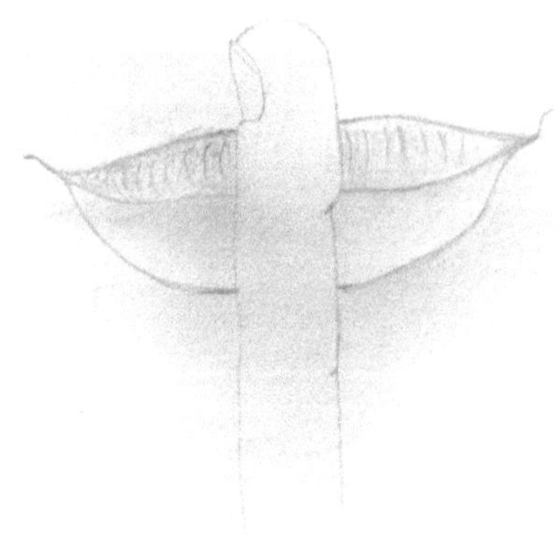

*

Pas à pas, j'accepte de
Me détacher de mes pensées
Me défaire de mes opinions
Me dévêtir de mes croyances
Abandonner mes certitudes
Congédier mes jalousies
et de m'affranchir de toute conviction.

En me dépouillant
de ces encombrantes armes, murs et armures
J'accepte d'être un vagabond nu et sans logis
sur qui la guerre des attachements identitaires
n'aura plus aucune prise.

Dès à présent, je déclare famine
à tout le bruit qui s'agite encore dans ma tête
et fais offrande de silence
après avoir déposé tout cela
au Compost.

Assembler Lego
Déconstruire l'ego
Qui conteste ses particules ?

La dernière danse de Typhon Tournelune

L'être de lettres
dans la fleur fanée
de l'âge crépusculaire
accepte pleinement
son dernier souffle
le délestant de son ultime pétale

prostré sur le sol
rassemblant ce qui lui reste
de particules animées
il célèbre sa dernière danse
son chant du cygne
se fait offrande

de sa main tremblante
tenant une plume craquelée
l'être trace sur le sol
autour de lui
un cercle
O

Ce dernier souffle

emplit sa chair

la déploie

verticalement

il se déplie

défroisse son dernier pétale

le front en sueur

il se tient digne

debout

Son pied gauche au centre du cercle

son pied droit à la périphérie du cadran

devant lui

12

l'être de lettres inspire profondément

religieusement

offre son rituel à la finitude

Cette prière est une reconnaissance

à la dimension sphérique et giratoire de toute chose

atome

planète

galaxie

Être maillon emboîté

dans l'axe vertical de l'existence

Animae VerticaLux

En compassion pour cet axe

le compas œuvre ce pour quoi il est fait

Tourner

Le souffle du verbe l'entraine alors

vers la gauche

le vieillard pose son pied droit à 9

puis à 6

à 3

et de nouveau à 12

le pied gauche reste planté

pivot du compas

le pied droit continue sa danse

9

6

3

12

ainsi de suite

le manège du vivant

le vertige s'immisce
élément perturbateur
menaçant l'équilibre

le vieillard connait bien cet ennemi
avec lequel danser main dans la main
qui est en fait la rectitude de la discipline
"je suis votre obligé"

Une seule voie
le centre
le noyau
la pointe de l'axe
la graine source
toute la densité de l'univers
rassemblée à cet endroit

Avais-tu oublié ?
C'est là où tu habites

Depuis ces racines invincibles
Embrasser le vertige
Jusqu'au point de fusion
de toutes les particules

défaire les noeuds
dissoudre les résistances
laisser circuler sans restriction

être présent
offrir une présence totale
ininterrompue

Oui
Mais je ne suis qu'un homme !

Le vieillard accepte humblement
d'être faillible
de décrocher
de s'étourdir
de divaguer
de s'absenter
de faire la paix avec ce va-et-vient
la patience de toute une vie
partir du centre et y retourner
inlassablement
avec gentillesse et fermeté
Allez

Le regard droit devant

horizontal

ne s'accroche à rien

laisse glisser tes pas

danse dense dedans

respire profondément

La conscience dans le centre

au cœur de l'axe

respire dedans

la source

d'où émerge le déploiement

La toupie chancelle lorsque le tournoiement ralentit ?

alors accelère !

Soulevés par la force centrifuge

les bras se lèvent

Le vieillard sent sa colonne vertébrale se raffermir

ses jambes gagner en assurance

les épaules se relâcher

La confiance s'installe dans le flou rotatif

la joie émerge depuis la source

inébranlable

tout son être exulte de joie

rayonne

12

9

6

3

en sens antihoraire

La magie opère

Abracadanza !

l'homme retrouve ses forces d'antan

la toupie aux bras levés vers le ciel

regagne ses pétales

qu'il est beau et digne !

Les muscles saillants et la peau lisse

ses cheveux blancs sont tous tombés

laissant apparaitre une crinière de lion

l'homme rugit de puissance

Vigueur Vitalité
VieVie à son apogée
la toupie tourne encore
boit son ivresse d'exister
jusqu'à la lie
à en perdre la barbe

l'homme rapetisse
laissant apparaitre un enfant
hilare

l'enfant ne sait pas s'arrêter de jouer
alors il tourne et tourne encore
faisant fi de la cloche
annonçant la fin de la récréation
alors il tourne sans relâche
et rapetisse encore

Ses pas deviennent de moins en moins assurés
l'enfant perd l'usage de la marche
trébuche
pleure
se roule par terre
le tournoiment l'emporte

Siphonné par le vortex vertigalactique

le bébé tourne sur le sol

roule ballon roule

dans son placenta

petite boule

balle

bille

tête d'épingle

L'amas de cellules

se défragmente jusqu'a l'unification

Ce zygote rembobiné

abrite une pelote

dont le fil se déroule en roulant

Le fil en double hélice

s'enroule de l'autre côté de l'existence

jusqu'à disparition de toute matière perceptible

rendant l'âme à qui elle appartient

la source indifférenciée

Âmour

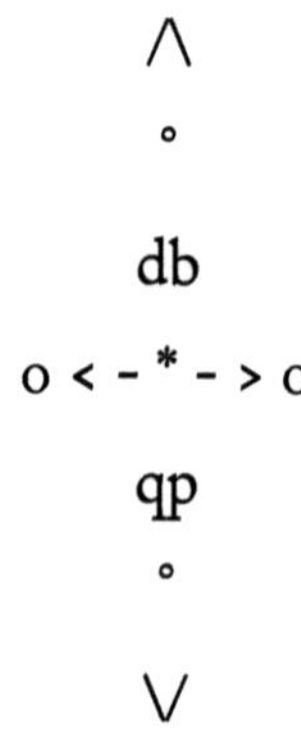

∧
o
db
o < - * - > o
qp
o
∨

Glossaire

Page 6 :

Au commencement était le verbe : premiers mots du livre de la génèse, prologue de l'évangile selon Saint Jean. Cette sentence annonce le souffle de Dieu comme étant à l'origine de tout.

Page 8 :

- ACGT est l'acronyme des quatre types de bases azotées constituant la macromolécule d'ADN : Adénine, Cytosine, Guanine et Thymine. J'ai remanié la sentence magique Abracadabra en utilisant ces quatre lettres AbraGaTaCa

- La mitose (du grec mitos qui signifie filament) désigne la division cellulaire par laquelle une cellule mere se transforme en deux cellules filles

- le fil de chaine est enfilé verticalement sur le métier à tisser et maintient la tension pendant que vous tissez, perpendiculairement au fil de trame

- La chaîne carbonée est, dans une molécule organique, la chaîne formée par un ensemble d'atomes de carbone contigus, par des liaisons covalentes. Il s'agit donc d'un enchaînement ininterrompu d'atomes de carbone. Elle est considérée comme le squelette des molécules organiques.

Page 9 :

- La fêle, ou canne de verrier, est un tube creux muni d'une embouchure. Cet outil permet de réaliser le soufflage du verre.

- adouber consiste à reconnaitre la valeur et officialiser la fonction, à partir d'un moment précis, de la part d'un ascendant.

- Les mitochondries produisent l'énergie nécessaire au fonctionnement des cellules. Ces organites sont impliqués dans la communication, la différenciation et la régulation du cycle cellulaire. Elles contiennent l'ADN. Le terme *mitochondrie* provient du grec ancien *mitos* « fil » et *chondros* « granule ».

- Standing ovulation est dérivé de standing ovation, qui consiste à se lever pour applaudir. (ici l'émergence de la graine de vie).

- Une lettrine enluminée est une lettre majuscule richement décorée, placée au début d'un texte pour le valoriser

- Un zygote, formé par la fécondation entre deux gamètes, est une cellule qui contient toute l'information génétique nécessaire pour former un nouvel organisme individuel.

- Le jambage est la partie verticale de certaines lettres, parfois terminée par une courbe fermée appelée panse. L'association des deux est présente dans les lettres pbqd

- Une ligature permet de relier et fixer ensemble deux éléments avec un fil (couture) ou un trait (typographie).

- En couture, les crans de montage sont de petits repères désignant l'emplacement des différentes pièces de votre ouvrage prévues par le patron, un peu comme un puzzle.

Page 10 :
- Le bouton embryonnaire désigne l'ensemble de cellules adhérant à la paroi interne du blastocyste (oeuf embryonnaire) des mammifères quelques jours après la fécondation, à partir duquel se développe l'embryon.
- Mère-Cerie : Néologisme associant la fonction maternelle et la mercerie qui rassemble le matériel de confection couturière.
- Le tube neural désigne le système nerveux primitif des embryons
- Le disque embryonnaire se différencie de la cavité amniotique lors de la division du bouton embryonnaire.
- le cytoplasme est le contenu d'une celulle vivante, situé entre le noyau et la membrane externe.
- Architexte/architexture, rôle et discipline de mise en relief du texte assurant la construction fonctionnelle et esthétique d'un récit, à partir des plus petites pièces, jusqu'à l'édifice final.
- En couture, le faufilage consiste à relier deux parties de tissu par un point temporaire, souvent appelé le point de bâti.
- le point d'arrêt est une série de points au même endroit pour consolider la fin d'une couture.

Page 11 :

- Garé en double file / égarée en double-fil.

- Le macrophage, cellule de défense immunitaire, endosse ici le rôle du "découd-vite" outil de couture voué à découdre les erreurs / évacuer les indésirables.

- Surfiler consiste à coudre un point spécifique tout le long du bord de votre tissu pour éviter qu'il ne s'effiloche à l'usage.

- le plan de coupe est un schéma qui indique comment disposer les pièces de votre patron sur le tissu avant de couper.

- endo-mètre-ruban : néologisme associant l'endomètre, tissu tapissant l'intérieur de l'utérus sur lequel nidifie l'embryon, avec le mètre-ruban qui sert à mesurer les tissus afin de conserver les proportions du patron.

- le corps jaune produit la progestérone, hormone permettant de préparer l'endomètre à accueillir l'œuf après la fécondation.

- océamniotique : néologisme associant l'océan et le liquide ammniotique dans lequel baigne le foetus.

Page 12 : - dentelle utérine : endomètre

- La canelle : bobine d'environ 20mm de diamètre, destinée à contenir le fil, insérée dans la machine à coudre sous l'aiguille.

- gamme de montage : document détaillant les étapes et opérations d'assemblage d'un ouvrage, valable en couture, en architecture, et divers domaines industriels.

- le verbe se fait chair : évangile selon Saint Jean. Expression des mots et de la parole divine dans la matière vivante

Page 13 :
- Entoiler : en couture, apport d'une toile vouée à envelopper et renforcer la tenue d'un assemblage de tissus, -> d'où les fascias
- l'encolure et l'emmanchure sont les orifices du col et des manches, consolidées d'ourlets d'où sortent la tête et les membres (au stade de bourgeons dans le cas du foetus)

Page 14 :
- Passepoil : Il s'agit d'une fine bande de tissu rembourrée d'un cordon, cordelette ou bourrelet de coton. Il peut servir de jonction entre deux pièces de tissu, a un but décoratif car donne un effet de relief à l'ouvrage.

Page 70 :
- Le tripalium désigne à l'antiquité romaine un instrument à trois pieux pour torturer les esclaves, puis au moyen âge un moyen de contraindre les boeufs et chevaux pendant qu'ils sont férrés. Par conséquent ce mot est fortement connoté par la pénibilité et le travail

Page 100 : Contrepèterie

Remerciements

Je remercie mes parents de m'avoir mis au monde et soutenu

Merci à ma famille, à mes amis.

Je remercie la poètesse Coralie Creuzet d'avoir ravivé ma plume.

Je remercie les correctrices spontanées ayant permit cette édition.

Je remercie avec beaucoup d'amour Virginie Durant d'avoir su illustrer

la couverture avec panache et d'un seul jet d'étincelles !

Je remercie toutes les femmes que j'ai aimées et qui m'ont tant appris :

- Shoukran Mitakuyé Oyasin Shalom Om Shanti Amen .

Je remercie les arbres, les rivières, les pierres et les animaux

l'eau, le feu, le vent, la terre

l'électricité et le pétrole

les dinosaures et les galaxies

Je remercie les astres et l'éther

Je remercie les lettres, les chiffres, la géométrie, la structure

Je remercie toutes les choses que je ne peux pas changer

qui font de moi le valet de l'humilité.

Je remercie toutes les choses que je peux changer

qui m'adoubent chevalier du courage.

Je remercie la sagesse et la folie, deux faces d'une même piece

Je remercie le mouvement, le désir, la créativité et l'amour

Je remercie mes pieds, ma tête, mon coeur et mes mains

Je remercie la couturière qui a su faire de mes cellules un ouvrage

délicieusement vulnérable

Je remercie chaque atome de l'univers disposé par Dieu avec soin.

Je me remercie

Table

Édition : BoD · Books on Demand, 31 avenue Saint-Rémy, 57600 Forbach, bod@bod.fr

Impression : Libri Plureos GmbH, Friedensallee 273, 22763 Hamburg (Allemagne)

ISBN : 978-2-3225-7361-5

Dépôt légal : Mai 2025